Loïc Quintin

Au bonheur des sens

« Dieu a créé des pays avec beaucoup d'eau, afin que les hommes puissent y vivre, et des déserts, afin qu'ils y reconnaissent leur âme. »

Dicton touareg.

« Aux sables du désert comme au rocher poli,
Où ton geste pensait vaincre le provisoire :
D'un éphémère orgueil en sa trace aboli
S'effacera bientôt la marque dérisoire. »

Théodore Monod

« Ailleurs » est un mot plus beau que « Demain ».

Paul Morand

L'HOMME DU DÉSERT

L'homme est assis, nu, au milieu du désert. Il est âgé. Sa chevelure blanche tranche avec son hâle brun. Ses yeux plissés, habitués à se figer sur l'horizon sablonneux, là où la crête des dunes flirte avec l'azur, sont d'un bleu clair et profond. Sous lui, le dôme de la dune s'affaisse légèrement, laissant échapper en contrebas quelques milliers de grains minéraux dont chacun ressemble à une perle transparente. La petite coulée glisse doucement jusqu'à la femme qui joue de la musique dans le creux. Elle caresse de son archet le violoncelle qu'elle a calé entre ses cuisses. La musicienne est également nue, seulement drapée d'un tulle léger bleu marine autour du cou, qui s'emmêle dans sa chevelure noire et longue ruisselant sur son dos. La femme semble plus jeune que l'homme.

Il l'entend, mais ne la voit pas. Il la devine, la subodore, perçoit le son gracieux, mélancolique de sa musique qui s'étale dans le désert, mélangeant l'ocre du sable à la consistance presque palpable des notes. Tous ses sens sont en éveil.

De longue date, il est venu s'imbiber de désert, de sérénité, de sagesse, de sensitif, seul le plaisir de la vie comptant désormais. Il a rencontré la femme ici, au pays des Touaregs et des nomades, là où la liberté se confond avec la beauté des lieux.

Le soleil étire les ombres, sculptant les dunes moutonnantes, tel un océan infini jouant de ses vagues. Les rais s'appliquent à dorer la peau des deux êtres, sensibles à la chaleur bienfaitrice qu'ils provoquent en les léchant.

La musculature de l'homme s'exhibe en pleine lumière

saharienne, soulignée par l'envol de la musique au gré du souffle imperceptible du vent africain. Un coude posé sur son genou droit, le menton appuyé dans sa main, l'homme songe. L'homme savoure ces années passées à parcourir la montagne, puis le désert, à la recherche d'une quiétude, quêtant sous ses pas réguliers le sel de la vie. Derrière chaque cime, derrière chaque col, au-delà de l'horizon, il cherchait la dernière rive, l'ultime port où il jetterait l'ancre. Il songe à cette saison où il comprit que son existence, son passage sur terre ne tenait qu'à vivre la quintessence des sentiments.

Il songe à ce petit hôtel, niché au cœur de la montagne, qu'il fréquenta voici pas mal d'années. Quelques clients, arrivés des quatre coins du pays, d'horizons, de vies, d'avenirs différents, qui se retrouvaient là, chaque été pour certains, comme dans un second quotidien. Un quotidien qui prenait d'autres significations, où le handicap des uns s'harmonisait avec la validité des autres, où la différence n'existait pas, préférant s'effacer au bénéfice des sens, diffusant dans cette maison un parfum de bonheur, le bonheur des sens.

Il se souvient au son du violoncelle, ses pensées enfermées derrière le rideau de l'existence, d'avoir trouvé en cet endroit la voie de la vie, ne retenant plus que la volupté des choses, des animaux, des fleurs, l'essence même de la nature, l'esprit noble des rencontres humaines. Le regard de l'autre et envers l'autre, le sourire, le geste simple qui fait que l'on communique, que l'on se comprend.

Une note plus cristalline emplit l'erg de sa vibration. L'homme en frémit. Il lui revient en mémoire les images d'une rencontre entre deux des pensionnaires de cet hôtel.

IMBRICATION

Tout le monde se retrouva à table. La cinquantaine de chaises se garnissait peu à peu, au rythme lent des pas feutrés de ceux qui ne voyaient pas et de la valse hésitation des fauteuils pour se glisser dans un créneau. L'imbrication des personnes soi-disant différentes se construisait, une roue côtoyant un bras léger, une canne blanche s'accrochant à un rebord de table. L'hôtel respirait ce mélange d'hommes et de femmes aux vécus et aux maux différents, et l'on ne pouvait rester insensible à cette musique des sens qui montait du plus profond de soi.

La voisine placée à la droite de Daniel lui adressa la parole. Il ne l'avait pas remarquée, occupé avec les plaisanteries et les déclarations des uns et des autres.

- Vous venez ici depuis longtemps apparemment ?

Daniel répondit par un sourire dont il avait le secret, tournant le visage vers la jeune femme. Du coin de la bouche, l'œil éclairé, il sortit un long soupir d'approbation. Puis d'un trait, il balança sa tête en arrière comme pour désigner un objet disposé derrière son fauteuil. Les convives qui le connaissaient indiquèrent à la voisine de Daniel qu'il désirait prendre son tableau. Hésitante, elle s'en saisit et le déplia devant lui. L'instrument s'ouvrit sur une sorte d'alphabet et de petits mots. Aussitôt, il entreprit de poser sa main, son doigt hasardeux sur la pièce de bois et le fit glisser sur une lettre précise, un « e » en l'occurrence. La jeune femme, étonnée, lut à voix haute : « e », en regardant autour d'elle pour savoir si c'était bien cela. Des signes de tête l'encouragèrent. Daniel poursuivit. « T ».

- Euh... ET ? suggéra-t-elle timidement.

Daniel approuva en agitant positivement le chef, puis continua l'exploration du tableau, son doigt tendu parcourant alertement l'objet de communication. V.O.U.S ?

- Et vous ? Oui, et vous... Euh, et moi ? pardon... Si je viens depuis longtemps ici ? C'est la première année.

La voisine, tout d'abord surprise, se reprit et lança rapidement cette réponse, jetant des regards à la cantonade pour être sûre qu'elle n'avait pas dit de bêtise à l'égard du jeune homme frêle qui parlait avec un tableau. Elle avait vu juste. Elle se rajusta sur sa chaise pour mieux discuter, mais se ravisa car le premier plat se déposa devant eux. Elle replia le tableau et le rangea derrière Daniel.

Le repas se déroula entre sourires, cris, œillades et correspondances, en surfant sur la crête d'une vague impression de bonheur, celui de partager un moment important, de croiser les moutonnements d'un même parfum.

Daniel se rendait chaque été dans cet hôtel perché dans le haut d'une vallée verdoyante. Dans cet écrin, il communiquait, à qui voulait le rencontrer, sa joie, son univers fait de sons, de lettres, de chiffres, de consonnes et de voyelles avec lesquelles il jonglait, se tortillant avec volonté, afin d'adresser son message. Il comptait parmi les plus anciens clients.

À l'issue du repas, Daniel retrouva sa voisine de table pour converser autour d'un verre. Il se paya un café et en offrit un autre à la jeune femme. Puis, il lui fit signe de prendre son tableau portatif. Elle s'exécuta sans hésiter et installa l'instrument sur la table basse, repoussant les tasses. Daniel se courba en deux pour balayer les cases.

- C.O.M.M.E.N.T

- Comment, lança-t-elle.

- V.O.U...
- Vous.
- A.P.P.E.L.

Elle le devança.

- Comment je m'appelle ? Julia.

Entre deux rasades de café que Julia prenait soin de verser dans la gorge renversée de Daniel, essuyant son cou de quelques bavures, ils s'échangèrent ainsi des propos plus ou moins banals. La sonorisation diffusait un air de musique classique, du Mozart, emplissant le salon de douceur en cette fin de journée.

- Q.U.E. F.A.I.T.E.S. V.O.U. ...
- Ce que je fais... demain ?

Le jeune homme manifesta en agitant la tête de droite et de gauche. Julia se reprit et tenta une autre version avant qu'il ne précise sa question.

- Dans la vie ?

Elle ria.

- Excuse-moi (elle constata qu'elle le tutoyait). Je donne des cours de danse à Paris.

Il s'en trouva fort réjoui et se fendit d'un large sourire souligné par un « han » de satisfaction. Ses yeux bleu ciel riaient aussi.

Tard dans la soirée, le couple occupait seul le salon. La petite musique de Mozart s'était éteinte. Les étoiles scintillaient à travers la grande baie vitrée. La journée s'achevait sur des espérances.

PLUIE D'ÉTOILES

Celui qui n'a pas dormi à la belle étoile
N'a pas connu de belle nuit.
En montagne, en mer, dans le désert, le voile
Du firmament, éclairé ce cette pluie
Venue du fond des temps,
Vous happe vos sentiments,
Vous attire dans sa spirale infinie,
Rêvant de voyages, de secrets surpris.

Bivouac des galaxies, féérie des mondes,
Envol vers les cieux enflammés,
Suspendu à la voie lactée,
Entre lune blonde
Et herbe tendre.
Sous la voûte céleste l'on s'endort
Les yeux grands ouverts,
Emplis de myriades de lumières,
À la conquête de la vie, plus fort.

Seul, sous la Grande Ourse, Cassiopée,
Andromède, Lyre ou Vega,
Morphée vous prend dans ses bras dorés,
Englouti dans le bleu sombre de ses draps.

Bercé par la musique du ciel millénaire,
On est heureux d'être sur terre.

AFFÛT

L'affût atteint sans le moindre chuchotement, les explorateurs, peu nombreux, se postèrent, chacun recherchant un endroit le plus confortable possible, afin d'éviter les engourdissements. Appuyée contre un arbuste, Julia s'assit en tailleur, sa petite taille la dissimulant complètement derrière les hauts herbages et le fauteuil de Daniel.

On entendit, s'expulsant du silence, un aboiement dans le lointain. Les visages se tournèrent dans la direction d'où venait le bruit étrange. Daniel soupira fortement. Julia posa son bras sur le sien, lui signifiant ainsi de ne pas se faire remarquer. Puis, les minutes s'écoulaient, interminables et douces à la fois, au milieu de cette chaleur déclinante de l'été. Par instants, Daniel inclinait son visage vers Julia. Imperceptiblement, il la trouvait amusante dans ces broussailles, sa tignasse châtain clair dépassant à peine de l'herbage.

Un léger craquement sortit le petit groupe de sa torpeur. Face à eux, dans le bois sombre, la lumière laissait apparaître un mouvement. Ce n'était qu'un geai raclant le sol avec vigueur. D'ailleurs, il s'enfuit dans un grand fracas d'ailes et de cris désagréables à l'oreille. La chape de silence retomba sur les lieux.

La lumière s'abaissait, détachant en ombres ciselées la cime des arbres sur le ciel rosissant. Les prés viraient au vert bouteille et il devenait de moins en moins aisé de distinguer quelque animal. Daniel semblait s'impatienter en remuant les mains en tous sens. Julia, rigide, soufflait de temps à autre un mot doux à son compagnon d'affût. Alors Daniel renversait brusquement la tête, se raidissant sur son chariot. Et tout redevenait calme.

Un aboiement sortit soudain les explorateurs de l'ambiance planante qui régnait. Un aboiement rauque à faire frissonner. Puis un second, puis un troisième s'entendirent plus loin dans le soir. La symphonie du rut lançait ses éclats dans le jour finissant, mais ne daignait pas se découvrir. Les chevreuils ne désiraient pas montrer leur sveltesse, leurs lignes fines et pures, leur robe fauve, leurs yeux noirs. Ils n'avaient pas choisi ce soir-là pour se dévoiler à l'homme, le narguant de leurs cris de folie, de leur hymne à l'amour.

La musique se tut et la sérénité drapa à nouveau les montagnes.

HERBORISATION

Un sifflement se fit entendre dans le ciel.
Une buse décrivait ses volutes légères,
Telle une danseuse planant sur les planches,
Au gré de sa grâce.
Ses cris stridents fendaient l'air chaud de leur fraîcheur sauvage.

Sous les dessins du volatile,
La femme touchait, regardait, examinait, herborisait, écoutait
La nature.
Elle entendait battre son cœur,
Elle recevait son souffle,
La pénétrait, se laissait inviter.

Tour à tour, la jeune femme découvrait les contours d'une
feuille de hêtre,
Dont le duvet infime se couchait sous ses doigts,
Elle caressait le tronc d'un épicéa,
S'enivrait du parfum d'une ombellifère,
S'emplissant de l'odeur forte échappée de sa corolle
Aux multiples boutons blancs.

Au creux des pessières et des épilobes roses,
La muse examinait tactilement un cône
Entamé par un écureuil.
Au pied de la montagne,
S'épanouissait le Grand Lac.

La muse souriait.
Le temps se suspendait à son regard vague et lointain,
Dans lequel on pouvait discerner une lueur
De bonheur et d'imagination
Des couleurs, des distances, des forêts immenses

Qui peuplaient son néant.
Le soleil reflétait ses rais d'or sur le Grand Lac.
Les émotions montaient dans les cœurs,
Provoquaient des halètements fébriles,
Tant le paysage qui s'écoulait vers l'horizon
Apparaissait dans une grande beauté.

Dans le noir de la jeune femme,
La palette de couleurs sensitives
Donnait l'impression que le temps
N'avait plus de prise sur le corps.

De sa cécité jaillissait la lumière.

ENVIE

Le jeune homme malingre, assis entre ses deux roues, aperçut Julia qui déambulait dans le petit jardin de l'hôtel. Il l'interpella en levant son bras en désordre. Elle s'approcha en souriant.

- Qu'y a-t-il Daniel ?

Il renversa la tête. Elle comprit et prit son tableau. Elle lui installa sur les genoux. La conversation heurtée débuta.
De son doigt hésitant mais contrôlé, il désigna le j, puis le e.

- Je, traduisit facilement Julia, accroupie à ses côtés.
- V.E..
- Je veux.
- N.O.N...
- Non, tu ne veux pas ? se reprit-elle.

Daniel se tortilla dans une sorte de meuglement. Puis, s'arrêtant net, il la fixa droit dans les yeux, son regard figeant sa bouche en une moue.

- Si, c'est non ? Excuse-moi. Continue.
- N.O.N. S.E.U.L.E.M.E...
- Seulement. Je veux non seulement.
- Han ! Han !
- F.A.I.R.
- Faire.

Julia se concentrait au maximum sur son langage de lettres et de signes, admirant la volonté de Daniel. Le regard de Julia voyageait du tableau au visage de Daniel qui grimaçait en avançant les lèvres et en contorsionnant sa face, tel un élève s'appliquant à écrire de belles déliées sur son cahier.

- D.E.L.A.D.A.N.S.
- De la danse.
- Je veux non seulement faire de la danse...

Une mésange à tête noire se posa sur l'arbre qui les surplombait et entama sa trille régulière. Julia leva la tête vers la branche. Elle fut sortie de son inattention par une protestation de Daniel.

- Euh, oui, de la danse. Pardon Daniel.

Elle se reconcentra sur le tableau. Cet oiseau avait été le bienvenu, comme pour permettre à la femme aux cheveux courts et aux yeux magnifiques de souffler un peu. Mais le jeune homme ne laissait pas de répit dans sa quête de compréhension.

- M.A.I.
- Mais, reprit-elle en s'interrogeant sur la suite énigmatique.
- A.U.S.S.I.
- Aussi.
- M.O.N.T.E.R.
- Mais aussi monter...
- U.N.S.P.E.C.T.A.C.L.
- Un spectacle ?!

Daniel expira un souffle rauque de satisfaction, comme un cri d'animal. Elle l'avait compris. Il souriait en se raidissant sur son chariot.

Julia se releva un peu secouée par la demande. Elle se remit en position initiale et saisit le bras de Daniel pour mieux communiquer avec lui.

- Je veux bien, mais ce sera très difficile. Il faut que je réfléchisse. Et que voudrais-tu faire exactement ?

Les yeux bleus de Daniel roulèrent. Il baissa à nouveau la tête et s'enquérit d'une nouvelle explication, reprenant son rythme saccadé.

- A.L.A.F.I.N.D.U.M.O.I.S.

Au bout de cinq minutes, Julia récapitula.

- À la fin du mois.
- I.L.Y.A.U.N.S.P.E.C.T.A.C.

Elle le devança.

- Un spectacle.
- D.E.C.A.B.A.
- De cabaret. Ah oui, je sais, on m'en a parlé. Et tu voudrais y participer en dansant ? Pourquoi pas, mais ce sera dur. Il faudra énormément bosser, adapter tes mouvements à la musique.

Daniel, épuisé par cette conversation, laissa sa tête tomber presque sur ses genoux, l'inclinant légèrement pour apercevoir Julia du coin de l'œil. Elle s'était redressée. Il ne voyait que ses mains et sa taille.

- L'idée est bonne, poursuivait-elle. Tu as une idée, Daniel ? fit Julia, séduite par la demande du jeune homme. Elle se remit à son niveau.

Avec peine, il désigna des lettres. L'effort parut interminable.

- I.L.F.A.U.D.R.A.C.H.O.I.S.I.R.L.A.M.U.
- Choisir la musique. Oui, on la chosira ensemble Daniel. Mais, il faudra répéter régulièrement.
Daniel opina lentement du chef, harassé.
- Han !

Il lui saisit la main de son bras maladroit et crispé, et la fixa dans ses yeux vert émeraude. Les lèvres de Julia se serrèrent, dissimulant mal une certaine émotion qui lui surgissait du ventre. Le projet lui semblait jouable et en tous les cas passionnant.

CENTRE DU MONDE

L'air et le temps étaient comme suspendus à l'examen du fruit. Chacun observait avec intérêt l'hélice porteuse de germination, de continuité de la nature.

Étrange spectacle que cette osmose des pensionnaires autour d'une infime partie du grand théâtre naturel.

Comment l'homme pouvait-il s'extasier sur le si petit, lequel prenait soudain une si grande importance ?

Chacun, à tour de rôle, jouait avec cette samare. Daniel la recevait et la projetait à son tour en gesticulant de bonheur.

Le monde arrêtait sa marche sempiternelle sous ce bois touffu pour laisser se dérouler tranquillement l'émerveillement de quelques êtres. L'infiniment petit procurait des joies intenses.

Ce petit rien provoquait l'imagination chez l'aveugle, le fourmillement dans les jambes de l'hémiplégique, l'évasion dans le corps de Daniel.

Tous partageaient, avec complicité, ce moment de beauté et de dépouillement de la nature qui, par sa complexité et son ordonnancement mélangés, imprimait à l'homme un modèle de simplicité lui permettant de se retrouver, d'acquérir une plénitude.

Observer un samare qui tournoyait jusqu'au sol, rejoignait sans doute l'étonnement des premiers humains découvrant la magie du feu ou les vertus d'une pierre à silex, ou encore la force de l'eau, du vent, du soleil, adorés pour leur puissance incontrôlable.

Cette énergie accumulée depuis des millions d'années rejaillissait dans les doigts de l'aveugle, le bouillonnement de l'hémiplégique, le crâne du simple d'esprit ou la ténacité de Daniel.

L'arbre, source de vie, source de puissance, source de repos, de bien-être, accaparait l'attention du commun des mortels dans un retour aux racines. Le fruit de l'érable recommençait la vie de ces êtres simples et chaleureux, leur offrait une seconde naissance, les propulsait dans un lac, un océan de bonheur grossi par une foule de ruisseaux, de rivières et de fleuves qui descendaient de la montagne.

Leur regard issu du néant ou leurs membres paralysés s'envolaient par-dessus les sommets, à travers bois et alpages, franchissant les embarras de l'existence, transformant le monde du noir en celui merveilleux de la couleur, bouleversant le refus du corps en un formidable voyage de l'esprit.

Plus rien ne les freinait dans leur quête de l'essentiel, dans leur cheminement vers la lumière, leur lumière, leur phare qui les guidait sur un horizon sombre.

On n'entendait plus les oiseaux. Seule comptait la graine posée dans le creux d'une main.

L'air et le temps se suspendaient à la renaissance.

VOYAGE INTÉRIEUR

Du fond du désert, la musique des sens berçait l'homme.

Il songeait à ce monde du néant peuplé d'une foule d'images plus belles les unes que les autres, qui permettaient sans doute à ces êtres privés de lumière d'imaginer la planète terre sous des formes différentes de celles qui ont pénétré ses propres pupilles.

Que devait contenir la caverne de ces femmes et hommes qui peignaient le monde à leur manière ?

Que renfermaient pour eux les verts tendres des alpages, le rouge orangé d'un coucher de soleil, le bleu azur d'un océan, ou le blanc immaculé de la neige ?

Quels trésors s'offraient-ils en pénétrant une forêt dont la ramure ondulait au gré d'un vent fripon ?

Quels voyages accomplissaient-ils en interprétant le chant d'un oiseau saluant leur passage ?

Quelle pièce se jouaient-ils en écoutant le torrent dévaler la montagne, léchant de son gargouillis les berges fleuries d'un tapis de populages ?

Elles ou ils traduisaient la noirceur de leur vie en mille couleurs, palette de l'arc-en-ciel, leur arc-en-ciel, celui de l'esprit et de l'imaginatif, du créatif et de la sensibilité, le rouge de l'émotion contenue, le jaune du bonheur, le bleu de l'évasion, le vert de l'espérance.

Elles ou ils peignaient ainsi des tableaux, avec leurs doigts pour pinceaux, avec la joie de la découverte pour peinture.

Ils écrivaient un livre de voyage, transportés par l'instinct du toucher, surfant sur les vagues de la nature, ballottés par les flots de leurs rêves, voguant sur un navire qui s'appelait ivresse.

La musique des sens redoubla d'intensité, comme si l'orage des vibrations rejoignait par delà les terres infinies et la déliquescence du temps la montée des sentiments qui s'opérait entre Julia et Daniel.

L'homme imaginait la complicité de deux êtres qui se rapprochaient en osmose avec le déchaînement des forces de la nature.

ORAGE

Un premier roulement sourd se fit entendre dans le bas de la vallée. Julia et Daniel se retrouvèrent dans la salle de détente, assombrie par la voûte encrée qui recouvrait le paysage. Julia avait revêtu sa tenue de danseuse, pull noir ample, sous lequel se devinait un tee-shirt blanc, tombant sur un caleçon gris qui la moulait, des jambières, grises elles aussi, plissées en accordéon, ajustées au-dessus de ses pieds nus. Daniel s'était habillé pour l'occasion dans un simple maillot de corps d'une blancheur éclatante et d'un pantalon de survêtement bleu, laissant dépasser ses pieds nus. Ses vêtements dissimulaient mal la maigreur du corps de jeune homme en pleine force de l'âge.

- Alors Dan, c'est la forme ?
- Han !
- Avant d'entamer vraiment la danse, on va travailler un peu le corps en l'assouplissant. Après, on va réfléchir ensemble sur le thème et les mouvements à effectuer en relation avec l'idée. Et enfin, on choisira la musique. Ensuite encore, il faudra répéter de manière à ce que ça colle exactement. Tu vois, on a du pain sur la planche. OK ?
- Han !

Sur cette réponse approbatrice, Julia, qui n'était pas grande, mais pourvue d'une énergie débordante, saisit Daniel, qui lui ne pesait pas bien lourd, sous les aisselles et le traîna sur un tapis de sol. Le jeune homme reposait désormais sur le dos.

La danseuse et son élève se côtoyaient vraiment seuls pour la première fois.

Un second claquement plus rapproché résonna jusque dans la pièce. La vallée prenait une teinte vert bouteille et l'on ne distinguait plus les montagnes qui la bordaient.

Julia se plaça sur le côté de Daniel, à genoux. Les deux êtres se soutenaient du regard. Elle lui sourit.

- Dan, prends bien conscience que ça va être difficile. Je compte sur ton courage et ta ténacité. On y arrivera ensemble. Tu vas étirer les bras au-dessus de ta tête. Vas-y !

De tout le feu intérieur contenu sur un fauteuil, il souleva le bras droit par à-coups, lentement vers l'arrière, en le tendant presque au-dessus de ses cheveux, sans atteindre le sol.

- C'est pas mal. Essaye de faire mieux avec le bras gauche. Allez, sans bouger le tronc.

Il poussa un rugissement semblable à l'orage qui roulait au dehors et, au prix d'un effort, légèrement aidé par Julia qui lui soulageait le bras, il réussit à poser deux secondes son membre agité derrière la tête, la paume de la main sur le tapis.

- Excellent, jubila Julia. Relâche !

Dans un soupir mêlé d'un grognement libérateur, Daniel sourit à Julia, les yeux rivés sur le visage de la danseuse.

- Souffle un peu. On va refaire la même chose. Cette fois, il faut que les deux bras partent ensemble. Je vais te tenir les pieds pour empêcher ton tronc de se déplacer.

Après quelques instants de répit couverts par le tonnerre envahissant la vallée et les zébrures éblouissantes qui illuminaient le ciel, pénétrant par la grande baie vitrée de la salle, le travail reprit. Julia s'agenouilla aux pieds de Daniel et les lui serra.

- Il va falloir faire jouer les abdominaux Dan. Allez, hop !

Les deux bras de Daniel décollèrent du sol à peu près en même temps et montèrent vers le plafond, dans un mouvement faiblement désynchronisé, secoué par des soubresauts nerveux. Encouragé par son professeur, au bout d'un demi-cercle, il réussit à poser son membre droit à terre, tandis que le gauche traîna et refusa d'atteindre le sol.

- Ah, han, han !

Daniel rugit de colère en agitant la tête de droite et de gauche, les yeux révulsés. Un léger écoulement de salive s'évacua au coin de sa bouche.

- Du calme Dan, dit Julia en l'essuyant tendrement à l'aide d'un mouchoir. Tu vas y arriver, mais il faut de la patience. Moi-même, quand je répète une chorégraphie, je ne trouve pas tout de suite les bons tempos. Repose-toi un moment.

La jeune femme se releva et alla chercher une bouteille d'eau disposée dans le coin de la salle. Elle en versa quelques centilitres dans le verre à bec verseur de Daniel. Puis elle revint vers lui, posa un genou à terre et glissa doucement sa main derrière sa nuque afin de lui redresser la tête. Une fois en bonne position, elle déversa lentement le contenu du récipient dans la bouche de l'apprenti danseur. Les traits de ce dernier se détendirent et il remercia Julia d'un pétillement dans le regard.

Elle lui rendit son bonheur en lui souriant à son tour.

- Ça va mieux Dan ?
- Han ! acquiesça-t-il en remuant la tête.

Un claquement sec et puissant tomba sur la crête jouxtant l'hôtel, ce qui fit sursauter Julia. Daniel en ria.

- Allez, on va reprendre. Concentre-toi bien. Tu vas voir, tu vas réussir.

Elle se repositionna aux pieds de Daniel, appuyant sur ses maigres jambes.

- A trois, tu commences. Un, deux, trois !
- Han, han ! Daniel déploya toute son énergie dans un cri de douleur et libérateur. Les bras s'élevèrent et, sans mollir, atteignirent le tapis, pratiquement ensemble, au-delà de sa nuque.
- Tiens, tiens encore, super ! C'est super, relâche !

Dans un élan de joie, Julia caressa le front de l'élève qui cria sa réussite. Un violent grondement précédé d'un éclair gigantesque perça la vallée, l'hôtel et les cœurs des deux danseurs. Ils riaient chacun à leur manière de ce premier succès. De ce premier pas pour Daniel vers un accomplissement de soi, de son corps et de son esprit, lui procurant une certaine fierté, tant la violence de son effort avait été généreuse. Il avait vécu ses appréhensions, surmontées par une volonté physique et intellectuelle hors du commun. Son être atteignait une dimension supérieure, mais il était conscient que le combat ne faisait que débuter et que les épreuves se multiplieraient, les obstacles barreraient sa route vers le sommet, son sommet intérieur qu'il s'était juré d'atteindre.

Julia ressentait aussi une grande plénitude, elle qui doutait au départ de cette aventure. L'expérience, encouragée par cette première réussite, l'engageait dans une remise en cause considérable. Attirée par la personnalité volontaire de cet homme, qui se cachait derrière sa carapace encombrante et molle, elle avait relevé le défi, peut-être pour se prouver, tout comme Dan, qu'elle serait capable de l'aider à accomplir son souhait. Forte de la confiance qui s'instaurait entre eux, elle se persuadait qu'ensemble ils franchiraient les embûches, sachant toutefois que des colères et des orages jalonneraient leur parcours initiatique vers le bonheur.

La pluie déversait soudainement son flot ininterrompu sur les vitres de la salle, balayée par un vent démesuré.

Après l'avoir à nouveau rafraîchi d'eau, Julia lui essuya délicatement le pourtour des lèvres. Julia agissait comme une mère avec son enfant, comme une infirmière avec son patient, dans une attention empreinte de tendresse et de fermeté, de douceur et de vigilance. Daniel appréciait la rapidité avec laquelle la danseuse l'avait compris, sans pour autant le materner, mais en opérant d'emblée des gestes que maintes personnes lui avaient prodigués, souvent avec moins de facilité que Julia. Il lui en était déjà reconnaissant et cela se lisait au fond de ses yeux.

Julia reposa la tête de Daniel sur le tapis et se dirigea vers une mini-chaîne.

- On va le refaire en musique. Ce ne sera pas celle du spectacle, mais ça va te donner une idée. OK ?

- Han !

Les notes d'un synthétiseur s'échappèrent de l'appareil pour envahir la pièce. La musique étrange et évaporée semblait venir d'un monde irréel, imprimant à l'ambiance un impromptu souffle d'évasion, de voyage dans les airs, tant le tempo paraissait surfer sur les corps, les encercler et les transporter vers un au-delà léger dans lequel l'esprit s'évaporait.

Cette musique contrastait avec le déchaînement des éléments, les coups de semonce de l'orage rythmant les zébrures éblouissantes de l'électricité sur les crêtes des montagnes baignées dans un noir total. Les bourrasques tempétueuses venaient se fracasser contre la baie vitrée, ultime barrière protectrice de l'univers soyeux de la musique douce et pénétrante.

Julia dut d'ailleurs hausser le volume du son et s'assit en tailleur auprès de Daniel.

- Tu vas recommencer sans que je te tienne tes jambes. Veille à ne pas bouger ton tronc.

Daniel attendait le moment opportun, les bras allongés le long du corps, le visage orienté vers celui de Julia. Celle-ci, à un passage précis, lui donna le top de départ. Aussitôt, très concentré, le jeune homme, avec calcul, leva, dans une synchronisation parfaite et tremblante, ses deux bras pour atteindre bientôt la verticale, point critique de la manœuvre.

- C'est tout bon, continue !

Les bras entamèrent la descente vers l'arrière, toujours bien parallèles. Daniel souffrait, mais contrôlait la situation, la musique semblant le détendre et le supporter dans son étirement. Les traits de son visage trahissaient sa douleur physique, ses yeux se crispant tout comme ses lèvres. Julia appliqua sa main sur le ventre de Daniel pour le décontracter. Les bras atterrissèrent comme deux fleurs sur le parquet.

- Maintiens, maintiens. Excellent ! Relâche !

Julia, dans son enthousiasme, déposa un baiser sur le front du jeune homme qui libéra sa concentration en gueulant tel un cerf bramant au fond d'une forêt. Il agitait la tête en tous sens et ses yeux butaient de part et d'autre de la cavité orbiculaire, telles des boules de flipper projetées contre les parois de l'appareil à sous.

Une formidable lueur éblouit le couple, aussitôt suivie d'un non moins formidable craquement. Cette fois la foudre avait choisi le clocher du village pour cible, à deux pas de l'hôtel. La musique stoppa net simultanément à une extinction de la lumière de la salle. Le professeur et l'élève, surpris dans les premières secondes, éclatèrent de rire ensuite, elle en se levant et en déployant toute la beauté ouverte de ses lèvres, dans un éclat franc et généreux, lui en évacuant une successions de hans et d'agitations des membres, le cou se rompant presque à chaque convulsion.

Énergie vitale, énergie des éléments, confondues.
Confusion des déferlements de la nature
Et des sentiments de bien-être,
Des tempêtes ancestrales et des puissances du corps,
Richesse des couleurs du dehors
Et trésor des peintures de l'esprit.
Communion intense entre êtres et nature.
Projection vers le futur.
Plénitude.

Julia jeta un œil à sa montre. Il était déjà tard.

- Terminé. Daniel, tu as été superbe.

Elle le traîna par les épaules jusqu'à son fauteuil, le hissa avec difficulté sur son trône, tel un monarque fatigué qui vient de livrer bataille contre lui-même, pour l'amour de la vie.

Un arc-en-ciel se déployait de l'autre côté de la vitre, tendu entre le village allumé des couleurs du spectre et le ciel chargé de nuages noirâtres qui se déchiraient.

La quiétude s'installait.

CHEVALIER

Daniel, soutenu par derrière, se cala dans la luge d'été et en saisit les commandes... Il lâcha alors le frein et il s'envola.

Il s'envolait vers le firmament, transporté, soulevé par une joie incommensurable, une énergie folle et généreuse, la même que celle qui le fait mouvoir ses bras quand il répète avec Julia, oubliant la masse de son maigre corps pour laisser le champ libre à l'esprit qui le transcende.

Il virevolte, il papillonne, il plane, il tournoie dans les airs, léger comme la liberté, celle d'un homme qui connaît des sensations comme n'importe quel autre en rencontrerait.

Il se sent égal, fier de son être et de sa réussite physique, savourant ces instants forts qui lui procurent le sentiment d'exister.

Il trace son chemin tortueux, au prix d'exigence et de ténacité. Il peut crier sa rancœur contre la mauvaise fortune qu'il combat et vainc chaque jour de la vie en se surpassant.

Daniel ressemble à un chevalier des Temps modernes, chevauchant son équidé de plastique, bravant vents et marées pour atteindre les sommets vertigineux et grisants de la voie qu'il s'est tracée.

Ses yeux eurent le temps de croiser ceux embués de Julia.

DÉSERTITUDE

L'ombre creusait les dunes. Le violoncelle creusait les pensées. Les souvenirs s'accumulaient, se réfléchissant sur le sable ocre-jaune. L'air était lourd de sérénité. L'homme à la chevelure blanche revit des sensations qui lui courent encore à fleur de peau.

Assis sur cette crête dunaire comme dans les hautes herbes de la montagne, il attendait. Les bruits de la vallée lui parvenaient par bribes. Quelques notes du clocher de l'église se mêlaient à la mélopée du violoncelle. La vie des hommes se poursuivait pendant qu'il savourait son retrait de la multitude, figé dans un silence réparateur.

Il avait cette habitude de se recroqueviller dans un cocon qui lui permettait de contempler la vie, la sienne, celle des hommes, de Daniel et de Julia, de palper le temps qui s'écoule.

Penseur invétéré, il était proche des racines de la terre, amoureux des origines et de l'authentique. Il n'arrivait pas à discerner ces certitudes dans l'homme, dans les hommes qu'il avait rencontrés. Sauf peut-être parmi ceux qui se déplaçaient sur deux roues en guise de jambes ou qui s'aidaient d'une canne blanche. L'essentiel animait ces hommes et ces femmes que la cruauté avait ralentis. Ces êtres chaleureux ne s'embarrassaient pas de fioritures inutiles que les autres cultivaient avec un goût certain pour le superflu. Ils possédaient du caractère, renforcé par leur désir de vaincre chaque jour un obstacle. Ils retiraient de leur position inconfortable la quintessence qui les rendait étrangers aux futilités de ce bas monde.

L'homme, en pleine désertitude, comprenait encore mieux la douleur intérieure de ces gens, mais qui savaient la dépasser, la transformant en potentiel d'énergie et de découverte.

S'il avait rejoint un jour le désert africain pour le parcourir en tous sens, c'était sans doute pour retrouver ces sentiments dans un milieu qui ne pardonne pas.

Quelle abnégation ! songeait-il.

Peu à peu, le cercle solaire montait ici dans l'azur, implacable.

Je descendais derrière les arbres là-bas, loin, très loin, au-delà de la mer. La sarabande des chevreuils en rut allait débuter. Les animaux le confortaient dans sa solitude, trouvant auprès d'eux ce que les hommes ne lui procuraient pas. La sagesse se conjuguait au quotidien pour le monde animal, ne vivant que pour l'essentiel, subvenir à des besoins vitaux.

Être avec l'animal ; se faire inviter dans son domaine en le respectant, l'homme aimait ce mimétisme avec la nature. Il aimait se mêler aux aboiements frissonnants du chevreuil, ressentir profondément les glapissements du renard ou les roucoulements mélodieux des tétras-lyres. Il s'immisçait, se fondait dans le grand théâtre de la nature. Il était herbe, comme il est aujourd'hui sable ; il était arbre, forêt, montagne.

La femme nue au tulle bleu imprimait une douce musique mélancolique au paysage âpre.

Là-bas, le soleil, disparu de l'autre côté de la cime des arbres, colorait le ciel de rougeurs intenses.

Instants où le jour bascule dans la nuit,
Où la lune relaye l'astre suprême.
Où les oiseaux regagnent leurs nichoirs nocturnes.
Instants d'équilibre.
Instants magiques.

Il revoyait ce chevreuil apparu dans le creux du bois, dans sa robe fauve, alors qu'un aboiement frémissant perça la nuit naissante. Tête dressée vers le moindre bruit, l'animal avançait dans les hautes herbes qui jouxtaient la forêt. Un deuxième le suivit. Moments intenses.

L'homme-animal, fixant tellement fort le chevreuil, se troubla. Il s'envola vers ses voyages intérieurs, transporté par cette beauté sans cesse renouvelée des animaux, des fleurs, de la montagne, se noyant dans cette complicité totale avec la nature.

La nuit envahissante inondait tout, se glissant en silence.

L'homme prolongeait la douceur de cet envahissement, sombrant dans une demi-inconscience, pour le plaisir. Un cri de mâle plus proche que les autres le fit pourtant descendre de son nuage. Avait-il dormi ? Ses cuisses engourdies lui rappelèrent qu'il possédait un corps. Les chevreuils avaient fui. La chouette entrait en scène, imposant son hululement lugubre.

Des joies et des drames se jouaient dans les bois, dans les marais.
Des courses folles d'amour, des fuites salvatrices,
Des bruissements, des fouissements,
S'enchaînaient à l'abri des regards humains.
Et le jour poindrait, dans une aube timide, à pas feutrés,
La nuit tirant sa révérence,
Pour s'évanouir, emportant avec elle tous ses mystères.
Et les hommes réapparaîtraient.

FÊTE

La première fusée, blanche, fendit le ciel dans un fracas aigu, soulevant la foule de son impatience. Le spectacle débuta.

S'en suivit un bouquet multicolore qui illumina le clocher de l'église. Les boules de feu montèrent très haut dans le noir du firmament, pour retomber lentement dans un tonnerre de crépitements qui fit frémir les montagnes de plaisir.

La foule criait sa joie. Julia et Daniel savouraient leur chaleur réciproque. Les yeux vert émeraude de la jeune femme brillaient, reflétant le spectre coloré des étincelles. Daniel lui jetait furtivement un regard, levant les mains vers le spectacle. Leurs rires et leurs hans se mêlaient aux tourbillons dorés qui embrasaient le sol de la petite place villageoise. Ils embrassaient le ciel luminescent qui tonnait du bruit sourd des fusées qui s'évanouissaient.

La farandole de lumière arc-en-ciel dansait avec les ombres et les cœurs, Julia et Daniel respiraient la fête à pleins poumons, soulevés de terre par une force sous-jacente et mystérieuse.

Une sarabande prolongée fut tirée, multipliant les grondements, éclairant comme en plein jour la place de l'église. Le bouquet final arrosait le village de pétales de roses, rouges, bleus, verts, jaunes. Il pétaradait, éclaboussait la voûte céleste, mêlant étoiles et fusées, filant vers l'est, l'ouest, le sud et le nord dans une folle chevauchée.

Les vivas de la foule s'amplifiaient.

Julia et Daniel tendaient leurs visages vers cette symphonie multicolore, serrés dans un même bonheur. Ils auraient voulu que jamais le bouquet ne cessât.

Il auraient voulu que jamais le bouquet ne cessât.

Julia aurait aimé que le temps s'arrêtât, que les secondes n'en finissent pas de s'égrener comme redescendaient lentement du ciel les fumigènes. Elle sentait grimper en elle comme une douleur au ventre, un mal qui lui nouait le corps et l'esprit simultanément. Une boule de bonheur indescriptible qui la tenaillait et lui aveuglait le regard.

Daniel, derrière son agitation, masquait involontairement une envie irrésistible de saisir Julia dans ses bras et de lui communiquer le florilège des sensations qui le zébraient de plaisir. Sa tête s'enflammait de désir pendant que son corps l'empêchait. Il jubilait en son tréfonds, prisonnier de sa carapace.

Un claquement formidable, suivi d'un roulement, gronda dans la nuit.

Le feu d'artifice s'acheva dans un tonnerre d'applaudisements.

Daniel demanda à Julia de prendre son tableau. Sous l'éclairage d'un lampadaire, il lui désigna par saccades son alphabet.

- JE...S.U.I.S....H.E.U.
- Heureux, coupa-t-elle.
- D.E.T.R.E...A.V.E.C....T.O.I...

Julia éclata de rire.

- Moi aussi.

Daniel lança un han poussé en agitant la tête en tous sens.

Des gens se retournèrent, intrigués.

LE GRAND JOUR

Daniel trônait dans le fauteuil tout terrain.. Il s'apprêtait à se faire projeter sur les hauteurs montagnardes. Le grand jour était arrivé. A l'approche du départ, il gesticulait. Grâce à cet engin, la liberté et les sensations des cimes offraient désormais de larges horizons.

La caravane s'ébranla, Daniel assis entre un pousseur et un tireur. Julia marchait à ses côtés.

Daniel riait avec ses compagnons d'aventure, le bien-être l'envahissant au fil des tours de la roue sur l'humus de la forêt.

De temps à autre, Julia se rapprochait de son élève danseur et s'inquiétait de sa santé. Elle lui prenait la main, lui caressait le bras, lui frottait les cheveux. Cahoté par les irrégularités du chemin, il lui répondait en s'efforçant de la fixer de son œil, secouant doucement la tête.

L'ascension se poursuivait et l'attelage sortit du bois, laissant derrière lui les épicéas qui se penchaient sur son passage. Le paysage s'ouvrait soudain sur des arbustes aux troncs rabougris et des plantes rases, chacun essayant de survivre dans ce monde impitoyable.

Daniel, prince d'un jour, encourageait.

Désormais, l'espace s'élargissait. L'herbe rase, parsemée de rhododendrons, de pins à crochets tordus par la douleur, de génevriers, imprimait au site une sensation aérienne. Inspirée sans doute par cette beauté sauvage, Julia eut envie d'embrasser Daniel, mais se retint, lui souriant simplement.

Une pause permit d'admirer le panorama qui s'étendait devant eux. Des exclamations fusèrent devant la splendeur et la symphonie des cimes et des vallées s'imbriquant dans un ordonnancement, apparemment sans loi. Massifs majestueux écrasés par l'astre solaire qui daignait dispenser quelque ombre sous les sommets, façonnant une sculpture gigantesque.

Daniel posait sa main sur chacun des sommets, semblant caresser l'œuvre d'art pendant qu'on lui expliquait.

Après cette halte, le relief s'aplanissait progressivement pour offrir aux pas et à la roue des marcheurs un plateau herbeux et pierreux. L'expédition enchantait Daniel, ne cessant de manifester son bonheur, se retrouvant projeté ainsi à deux mille mètres d'altitude face au géant des Alpes, parmi les chamois, roulant sa bosse sur les lapiés, tel un concurrent de l'inutile. La journée se graverait à jamais au fond de sa mémoire, s'inscrivant dans une marche vers des horizons qui lui semblaient inaccessibles et qui, désormais, lui paraissaient à portée de chariot. La roue tourne dans le sens de l'accomplissement grâce à sa volonté décuplée, sur le terrain du dépassement de soi, grâce à une invention superbe. Daniel n'a pas les yeux assez grands pour embrasser le paysage qui l'entoure. Seul son sourire trahit son envahissement par tant de cadeaux de la nature. Daniel est heureux.

Il cria de satisfaction quand la roue de son chariot spécial foula le pied de la croix sommitale. Il serra la main de ses deux compagnons de chevauchée, son regard croisa celui de Julia, dans un silence émouvant. Les prunelles de Daniel remerciaient ces hommes et cette femme de l'avoir propulsé dans ce monde d'altitude, délaissant les affres de la vie à la profondeur des vallées.

Les montagnes environnantes se dressaient pour saluer le jeune homme qui ne parlait pas, mais qui vibrait intensément.

Montagnes magiques, montagnes de bonheur,
Montagnes de labeur,
Montagnes de cœur.

Vallées embrumées, vallées emprisonnées,
Vallées délaissées,
Vallées écrasées.

Seul sur un vaisseau de métal,
Naviguant sur les flots de la liberté,
Accroché à la crinière de son cheval
De fer,
Il est fier.

Fier d'avoir vaincu le destin,
Bravé la douleur du corps
Et de l'âme.
D'avoir surmonté de ses reins,
De son être, dans un effort
Qu'on acclame,

Les forces du mal.

Il crie la vie,
Il crie la joie,
Du sommet, il gueule ses envies
D'exister, quel qu'il soit.

EXALTATION

L'homme du désert se souvient de l'effort de Daniel, à la conquête de ses limites. Il savoure encore le bonheur qu'il lui avait offert, glissant à l'intérieur de sa carapace, telle une coulée de miel.

Il avait pris conscience des instants du partage. Savoir partager, recevoir et donner. Quelle formidable intensité de voir dans les yeux d'un autre qu'il est heureux, qu'il croque les mêmes sensations que soi.

Tout est suspendu en ces instants de grâce qui durent à la fois quelques secondes et toute une éternité. Le temps s'arrête pour permettre de se délecter. La vie prend un sens. On se sent utile sur terre. On se dit que l'autre vous comprend comme on le comprend. Une harmonie se dessine, s'incruste entre les deux êtres, une osmose les enveloppe. Si l'on pouvait, on crierait son bonheur en levant les bras au ciel en signe de remerciement. On se sent virtuose, invulnérable, fort, mais aussi faible, à la merci du destin. On se sent modeste et l'on garde ses émotions pour soi, même si elles transparaissent dans la brillance des pupilles et la complicité du regard. Les émotions bouillonnent dans les artères, dans un va-et-vient incessant entre cœur et esprit, entre élan et retenue, entre envies et respect.

On est à la fois maître du monde et vassal de ses propres sentiments.
On exulte et l'on se retient parce que l'autre ne peut pas s'exprimer.
On intériorise ses humeurs pour ne pas blesser.
On dompte, dans un tremblement sanguin, son amour débordant.

On n'ose pas dans une pudeur en forme d'hommage.
On se dit que l'on touche là le bonheur du doigt.
On pense qu'on est simplement un homme.
Un homme qui a la chance de vivre normalement.
Un homme qui n'a que ses yeux pour voir,
Ses oreilles pour entendre,
Son nez pour sentir,
Ses mains pour toucher,
Sa bouche pour parler.
Un homme que la nature n'a pas laissé sur le bord du chemin
Comme d'autres attendent de s'envoler vers des jours meilleurs.
Un homme simple, capable des pires colères,
Comme des meilleures amours.
On remercie la vie, on remercie l'autre.
On voudrait lui offrir tant de soi,
Tant de merveilles, tant de montagnes,
Tant d'océans, de déserts,
Qu'on reste là, figé dans une extase paralysante,
Tant la tâche est immense.
Mais tellement belle,
Tellement exaltante.

OCÉAN IMAGINAIRE

Dans la mare, s'ébattaient frêles libellules, tritons crêtés, grenouilles rousses,

Dans la fraîcheur d'une onde où se miraient roseaux et bleu du ciel imperturbable.

Comme une enfant découvrant le monde, elle s'émerveillait devant le spectacle qu'on lui décrivait.

Elle s'imaginait, tel un conte de fée, à califourchon sur le dos d'une libellule, survolant l'océan d'eau douce, légère, à la recherche des tritons navires géants qui effrayaient les grenouilles rousses,

Qui avaient décidé de se prélasser sur la plage de mousse.

Elle voyageait dans son univers comme Alice au pays des merveilles, transportée par le parfum subtil des fleurs et des herbes grasses qui lui caressaient les pieds.

Son regard fixe et voilé laissait apparaître une lueur scintillante de rêve.

Du bout du doigt, fébrilement, elle frôlait les ailes flétries de la larve d'insecte volant, déposé par magie dans le creux de sa main.

Puis, elle s'agenouilla au bord de la mare et replaça l'archiptère échoué dans son océan, agitant au passage le miroir immobile de la surface, dont les rides s'élargirent en cercles concentriques jusqu'à buter sur l'autre rive dans une régularité confondante.

La jeune femme imaginait une histoire merveilleuse derrière le hublot opaque de ses yeux.

L'APPEL

La forêt encerclait le monastère qui émergeait de l'emprise sylvicole au milieu d'une vaste clairière accrochée au flanc sommital de la montagne.

Construits tout en pierre, les petits bâtiments se serraient autour de la chapelle dont le clocher rythmait les journées des sœurs moniales.

De là, on pouvait admirer une large perspective vers les montagnes. Au pied du monastère s'étendait tout d'abord une profonde vallée d'où quelque brume paresseuse montait le long des versants ensoleillés, moutonnant lentement des cumulus cotonneux.

De l'autre côté de la vallée, les lignes de crête, comme des vagues, déferlaient sur l'horizon.

La cloche égrena ses notes aiguës qui s'évanouirent dans les bois, appelant les religieuses à une célébration.

Les convives pénétrèrent silencieusement dans la chapelle. Tous, sauf lui.

Lui, parce qu'il était né sous une autre étoile,
Ne pouvait fouler le sol de la petite église.
La chrétienté n'étant pas sa devise,
Il ne devait pas lever le voile.

Jésus ou Mahomet, quelle différence ?
La Question sans Réponse.
Pourtant, Dieu de clémence,

Est prié par tous,
Juifs, musulmans ou chrétiens,
Souvent dans la violence,
Parfois dans l'amour.

Pourquoi cette intolérance ?

Alors, il leva les yeux vers l'azur marbré de traînées blanches. Et soupira.

Une fois refermée la lourde porte de bois massif, dans un grincement sinistre, la chape de silence retomba sur les invités.

Un claquement emplit la voûte de pierre froide. Comme par enchantement, deux files de robes de bure blanche glissèrent dans le seul froissement des habits sur la dalle et se disposèrent sur les sièges en bois craquant.

À la place de leurs visages, on n'apercevait qu'un trou d'ombre. Mains jointes sur la poitrine, les nones entamèrent un psaume.

Le chant inondait l'église. Il s'envolait vers les hauteurs imaginaires qui dépassaient la voûte de l'édifice, retombait tel une samare en tournoyant jusqu'au sol rugueux, affublant les invités d'un frémissement, enlaçait, soulevant leurs cœurs de reconnaissance, les novices agenouillées et revenait raviver la ferveur sublime des sœurs alignées dans le chœur.

Les notes étaient presque palpables tant la suavité en était épaisse.

La dernière note du dernier mot s'évanouit dans un écho qui ruisselait goutte à goutte le long des murs. Le silence le plus opaque s'installa à nouveau.

Un second claquement entraîna les religieuses dans la pénombre et elles disparurent.

La porte en bois massif grinça. Les fauteuils sortirent en pleine lumière, saisissant les visiteurs d'air frais.

L'autre, l'interdit, les accueillit avec chaleur.

EN NOIR ET BLANC

Julia sursauta. Daniel buta presque contre elle. Il lui rappela qu'ils avaient rendez-vous après dîner pour répéter. Il frappa vingt fois le sol de son pied.

- Vingt heures ? OK ! confirma Julia.

Julia brancha l'appareil et la musique s'évapora dans la salle. Une musique qui transportait dans un nuage de rêves, les corps se soulevant du sol dans une lévitation qui empruntait sa légèreté et sa grâce à un vol de goéland au-dessus de l'océan.
Elle plut immédiatement à Daniel.

- Han, han ! dit-il en agitant les bras, allongé sur le dos.
- Elle te plaît Dan ?

Il brandit son pouce en signe d'approbation.

- Alors, on va essayer d'appliquer nos mouvements à cette musique.

Daniel désira son tableau. Julia lui apporta. Le jeune homme entama son ballet gestuel de lettre en lettre.

- L.E.S.C.É...
- Le scé, répéta Julia agenouillée auprès de lui.
- N.A....
- Le scénario ?

La danseuse lui expliqua la chorégraphie et l'histoire qu'elle pensait mettre en scène. Elle parlait de maquillage, de costumes.

- Han !

Daniel acquiesça en hochant la tête et en lui souriant. Puis il déposa fébrilement son index sur le « c », suivi du « o », du « s » et du « t ».

- Costume ?
- U.N.E.I.D.É.E.
- Tu as une idée sur le costume ?

Le danseur évoqua des couleurs, deux couleurs différentes. Ils parlèrent du bien et du mal, de nuit et de lumière, du noir et du blanc.

La jeune femme lui frotta les cheveux pour le féliciter de cette trouvaille. Daniel sourit des yeux...

- Un, deux, trois et quatre ! 0ui, encore, vas-y ! Trois, quatre...

Julia imprimait le rythme à Daniel qui se dressait, cambré, sur les genoux, bras tendus sur les côtés, au prix d'une tension considérable des abdominaux.

- Tiens bon... Relâche !

Daniel se laissa retomber de tout son poids au sol dans une génuflexion soumise à la musique de l'oiseau marin qui planait au-dessus des rides océanes.

- Souffle ! Allonge-toi si tu veux.

Ce qu'il fit avec soulagement quand sa compagne lui apporta un verre d'eau. Ils se soutinrent d'un regard pénétrant.

- C'est très bien Dan, on progresse. On va le refaire, mais cette fois ensemble, face à face. D'accord ?

- Han ! lâcha-t-il en levant son pouce d'un geste zigzaguant, tout en frappant une fois le sol de son pied.

- Une seule fois, OK.

Julia comprenait et devinait même ses pensées, dans une intuition qui lui intimait de doser les exercices. Elle l'embrassa sur le front et lui essuya des perles de sueur.

- Han ! han !

Julia remit en marche le vol du goéland. Puis elle s'agenouilla, tête enfouie sous les bras appuyés au sol, Daniel face à elle, dans la même posture. Dès les premières notes, infimes, ils ondulèrent le tronc, puis la tête, comme si un courant électrique parcourait leur échine. Les bras s'écartèrent, plaqués aux tapis, comme la pieuvre déploie ses tentacules à la recherche d'une proie, prenant leur envol en battant de leurs membres. La musique les soulevait tels les courants d'air dans les rémiges du goéland. Envoûtés par la douceur puissante de la symphonie marine, ils montaient progressivement leurs bustes. Daniel poussait de petits cris pour bousculer son corps avec sa ténacité habituelle. Julia l'encourageait tout en comptant les temps. Leurs ailes les élevèrent à l'équerre du sol, maintenant leur vol lent et majestueux, leur envergure déployée au-dessus de l'horizon marin, éclaboussés par les embruns qui s'enfuyaient de l'écume des vagues dentelées. Puis il replièrent les bras sur la poitrine, comme pour se protéger du froid qui les envahissait, les déployèrent encore tout en ondulant le ventre dans une danse saharienne.

Daniel faiblit un instant.

- Tiens bon, Dan !

Il se reprit et termina le mouvement. La musique redescendit du ciel vers une sonorité plus sourde. Puis cessa.

- Super Dan ! Super ! Tu étais formidable.

Elle l'embrassa sur la joue. Il demanda son tableau.

- J.E.V.E
- Je veux.
- Q.
- Que
- T.U.M.E.V.O.I.E...
- Je te vois là...

Il fronça les sourcils et son œil vira au noir.

- P.L..U.S.S.O.U.
- Plus souvent ? Dan, je ne peux pas être tout le temps avec toi. Et puis ça te fatiguerait...

Daniel la coupa en grognant et désigna sa joue de l'index tendu au bout de sa main repliée.

- Que je t'embrasse encore ?

Elle ria aux éclats et s'exécuta tendrement. Daniel se détendit.

SEULE FACE AU MIROIR

Julia se coiffait dans la solitude de sa chambre. Le miroir lui renvoyait son visage. Elle le regardait, machinalement, lissant sa tignasse d'un geste lent. Elle inclinait la tête pour mieux percevoir cette femme qui vivait une incroyable aventure.

Sa main arrêta la courbe descendante de la brosse. Elle la porta à sa bouche, la mordillant du bout des dents. Elle s'inquiéta soudain.

Elle s'inquiéta de cette histoire qui la projetait dans un monde qu'elle découvrait en profondeur. Un univers qui lui faisait soudain peur. Peur que Daniel et elle ne s'engouffrent dans un puits sans fin, sur un chemin qui ne les mènerait nulle part. Elle doutait. Non pas de la sincérité des réactions de Daniel, mais des siennes. Elle sentait que jeune homme éprouvait pour elle des sentiments. Ses émotions le trahissaient. Son regard pénétrant et émouvant à lui seul la transperçait avec sollicitude. Elle le recevait avec bonheur, mais en même temps, elle savait que leur relation ne s'inscrirait pas dans la durée.

Qu'irai-je vivre avec un homme invalide ? Saurais-je lui donner tout l'amour dont il a besoin ? Pourrais-je lui offrir du temps, le temps qu'il réclame pour qu'on s'attarde un peu sur lui ?

Elle vivait un conte. « Un conte, je suis mêlé à un conte, comme Alice au pays des merveilles, je rencontre des personnages extraordinaires, mais ce n'est que du rêve »

Julia reprit le lissage de sa chevelure en changeant de côté.

Plus rapidement dans le geste, elle raffermit ses pensées et prit une décision. Elle lui parlerait de la sorte, franchement. Elle ne souhaitait pas poursuivre dans l'engrenage. Elle éprouvait pour lui de la mansuétude, mais sans plus. Elle lui dirait qu'elle continuerait la préparation du spectacle et le jouerait, mais qu'il ne fallait espérer rien d'autre. Ça n'était vraiment pas possible. Elle le respectait en tant qu'homme et admirait sa volonté, mais il ne fallait pas franchir certaines limites. Ils resteraient amis. Voilà tout.

Le miroir lui souriait à nouveau. Il lui fit savoir qu'elle trouverait bien l'occasion de lui signifier sa décision.

FRÉMISSEMENTS LACUSTRES

Le grand lac étalait son onde frémissante
Jusqu'aux montagnes aux pentes enneigées.
La petite plage de galets, nichée dans le creux des roseaux,
S'ouvrait sur les nombreux oiseaux
Qui s'ébattaient au confluent
De la rivière et du lac.

Des sternes tournoyaient de la plage
A la barque de pêcheurs
A quelques coups de rames du rivage.
Sur la rive opposée,
Un héron cendré, raide
Comme un point d'exclamation,
Attendait qu'un poisson imprudent
Vienne à passer sous son bec.

Dans le lit de la rivière,
Des foulques au nez blanc
S'ébrouaient dans un concert
Tumultueux,
Projetant des gouttelettes
Scintillant au soleil.

Îlot de verdure vierge
Perdu au milieu de la civilisation.
Bout de terre sauvé du naufrage.

Daniel humait ce parfum de résistance de la nature.

Il suivait les vols de goélands, mouettes, sternes, installés là pour la douceur du lieu.

Julia partageait avec lui cette sorte d'arche de Noë.

C'est vrai qu'elle était jolie Julia, vêtue d'une robe légère, vert pâle, boutonnée sur le devant. Ses yeux vert émeraude se mariaient avec l'onde du lac bordé de saules inclinés.

Couleurs et sensations se mêlaient tendrement.
Les pêcheurs pêchaient,
Les oiseaux volaient,
Le héron surveillait,
Les foulques trompetaient,
Un bateau sous sa voilure flottait
Entre rive et barque
Évanescent
Comme un mirage saharien.

MIRAGES

Un mirage, suis-je immergé dans un mirage ? songeait-il.
Partager. Le mirage m'a appris à partager.
Tout ça à cause de la montagne et de l'amour pour la nature,
Des sentiments pour les animaux, les arbres, les fleurs,
Les cimes, les couchers de soleil embrasant l'horizon,
La fuite d'un chamois svelte et gracieux dans le creux d'un rocher,
La puissance inébranlable d'un bouquetin sur son promontoire,
Le chuintement d'un coq de bruyère,
Le vol planant d'un aigle,
Un chalet de bois caché au coin d'un bosquet,
Un berger gardant son troupeau enveloppé dans la brume...

Sur la crête d'une dune presque blanche,
Le voilier glissait doucement.

L'une qui recevait la lumière du soleil,
Les yeux fermés grands ouverts,
Et se laissait inonder du flot
De sa chaleur bienfaitrice qui l'emmenait voguer,
En toute sérénité,
Vers des mondes peuplés de vagues déferlantes
De béatitude,
Où seul le sensitif, palpable, régnait.
L'autre, pétillant de vie,
Qui déplacerait les montagnes
Pour les peindre de ses doigts hésitants,

Mêlant amour de la vie et aventure,
Découverte des sommets surgis de leur écrin de verdure
Pour tutoyer le ciel.

La musique balançait le voilier.

Tel un naufragé sur une île océane,
L'homme savourait le paisible et la vie.
La vie, sortie de l'eau,
L'eau, source de vie.
Vie précieuse, vie fragile,
Vie brisée, vie reconquise.
Vie d'aventure,
Vie solitaire.
Vie à deux.
Vie d'envies et de rêves,
Vie de découvertes,
Vie amputée,
Vie d'imaginaire,
Vie généreuse.

Chacun, lui sur son sable immense,
Elle, dans sa musique des sens,
Eux, naufragés de l'existence,
Vivaient des instants suspendus, d'espérance et d'amour,
De solitude et de communauté,
De solitude dans la foule,
Assis entre deux bras de métal
Ou à cheval sur un goéland,
A la proue d'un voilier blanc,
Ou accroché au cou d'un héron cendré,
Dressé sur ses certitudes ou courbé sous ses doutes,
Bercé par ses envies ou soucieux de sa liberté.

L’eau de la dranse se mêlait au silence du désert.
La neige des cimes finissait sa course folle
Dans le sable profond de cette mer intérieure,
Mélangeant sentiments glacés et suaves,
Noyant dans le mystère des profondeurs sahariennes,
Les espoirs nés au bord du firmament,
Tourbillonnant dans un dernier adieu aux montagnes
Avant de s’évanouir vers le large
Et disparaître vers d’autres horizons,
Dans un nuage de mirages.

Et la vie recommencera,
Comme le feu renaît de ses cendres,
Dans une danse incessante.

DANSE DES SENS

Une série disco suivit le rock. Julia s'enquérit d'aller chercher Daniel qui observait les danseurs. A son arrivée le jeune homme gesticula. Elle lui passa la main dans les cheveux et l'entraîna sur la piste.

D'emblée, Julia calqua les déplacements du fauteuil sur les impulsions de la sono et les scintillements des projecteurs. Daniel renversait la tête, la balançait de droite et de gauche, levait les bras au ciel. Il se faisait danser dans des allers-retours de roues impressionnants de justesse. Il riait et ahannait devant la joie de Julia. Et elle accentuait la cadence. Elle se trémoussait, malicieusement, se penchant de temps à autre vers son cavalier pour lui susurrer son plaisir. Il sentait la chaleur de son guide à travers ses mains posées sur ses épaules frêles.

Daniel virevoltait, s'envolait dans une cascade de tours sur lui-même, de guirlandes, d'arabesques, Julia dressait son fauteuil en appuyant sur l'arrière, tel un cheval se cabrant. Daniel criait sa surprise et son plaisir. Peu à peu, les autres danseurs s'apercevant de la scène, entourèrent le couple. Daniel redoubla de violence dans ses gestes, tendant ses jambes à l'extrême, écartant ses bras à l'horizontale, comme pour mieux embrasser l'intensité du moment, comme pour mieux se pénétrer de la musique, comme pour mieux s'éblouir de la lumière des sens qui tournoyaient au plafond. Julia le lâchait, puis se projetait devant lui. Il se cambrait, s'esclaffait, roulait des yeux, étirait son cou jusqu'à le rompre dans une offrande au public qui frappait dans les mains pour l'encourager.

Tous, maintenant, fermaient le cercle dans une communion totale avec Daniel. Les danseurs ne faisaient qu'un, s'agglutinant dans les mêmes sentiments de bonheur, un bonheur qui transporte, qui transcende. Les respirations les halètements, les battements des cœurs se solidarisaient dans une chamade infernale. Les danseurs, Julia, étaient Daniel, se coulaient dans ce corps nerveux, pris de spasmes musicaux. Ils vivaient ce qu'il ressentait, dans un unisson, dans une symbiose que les notes impulsaient, dans une liesse simple et généreuse. On frôlait Daniel, on se courbait en riant vers son visage radieux, on lui frottait sa chevelure trempée, on pleurait de joie.

Julia s'arrêta net et saisit Daniel sous les bras, l'extrayant de son fauteuil par on ne sait quelle force. Elle le serra contre lui. Ses pieds traînaient à terre, mais ils esquissèrent des pas en mesure. Le torse du jeune homme collait contre la poitrine de Julia. Elle sentait sa chaleur. La musique s'enflammait. Le plafond tournait. Le sol semblait se dérober. Ils planaient. Daniel soutenait de ses yeux bleus le regard vert émeraude de Julia. Ils étaient tout à coup seuls au monde. Plus rien ne comptait qu'eux. De vagues cris d'allégresse leur parvenaient. Julia peinait légèrement. Daniel évacuait ses sentiments en poussant des cris, comme un animal exprimant ses désirs. Il déversait sa jouissance avec tonitruance. Julia recevait son message. Elle se renversait de plaisir en soufflant. Puis elle s'écroula au sol avec Daniel, n'en pouvant plus de le tenir. Elle resta un instant prostrée et haletante, allongée sur le corps vibrant et saccadant.

Les danseurs applaudirent. Le bonheur resplendissait.

FEU D'ARTIFICE

Le feu d'artifice éclatait comme jamais il avait éclaté depuis le début de l'été. Les coups de feu sciaient le ciel noir en deux, enflammant les montagnes qui surgissaient des ténèbres. Des trombes d'eau frappaient le sol, s'écrasaient contre la baie vitrée de la salle de danse, comme une déferlante océane se fracassant dans un bruit sourd contre la falaise.

Et la musique des éléments déchaînés se mêlait dans une furie indescriptible à la musique légère du spectacle que Daniel et Julia répétaient une nouvelle fois, dans une nouvelle collaboration de tendresse et de rage. Une musique qui coulait parfois en rythme avec les coups de boutoir du ciel, qui tremblait de toute sa douceur entre les élans formidables d'énergie que déployait la nature en folie.

Cette symbiose semblait dynamiser Daniel qui collait au mouvement dans un rêve mouillé d'oiseau au-dessus des flots furieux. Le goéland les transportait tous les deux dans une atmosphère sans nuage et sans ombre, là où l'azur éblouit de sa virginité, là où la planète terre scintille de son bleu issu du fond des temps, là où la mémoire s'estompe devant tant de beauté, là où la musique pénètre dans les êtres comme un parfum de liberté.

Sans discontinuer, les deux artistes déroulaient leur expression corporelle. Julia n'intervenait pratiquement plus pour corriger Daniel qui progressait de répétition en répétition.

En dehors de ces moments de travail, Daniel et Julia se rencontraient fréquemment : au bar, à table, dans le jardin. Ils conversaient, de tableau en regards, de lettres en rires, de mots alignés en gestes maladroits. Julia s'agenouillait auprès du fauteuil, semblant se prosterner. Elle serrait le bras du jeune homme, lui caressait les cheveux, lui embrassait tendrement la joue, pendant qu'il souriait de ses yeux en coin ou de sa bouche de travers, ou encore de ses mains déformées. Il savourait ce bonheur qu'une femme puisse s'intéresser à sa personne, lui le difforme, le projetant vers des cimes que lui-même n'avait jamais imaginées. Julia devenait son guide, son phare l'attirant dans la douleur noire de la tempête. Julia figurait son rivage salvateur, son port où il se sentait protégé, sortant des ténèbres.

Julia figurait son rivage salvateur, son port où il se sentait protégé, sortant des ténèbres.

Elle lisait dans ses yeux, dans ses attitudes l'appel du jeune homme. Julia ne voulait pas céder à la tentation. A maintes reprises elle aurait pu lui dire qu'elle ne suivrait pas le même chemin, Ses lèvres brûlaient d'envie de parler au risque de le décevoir cruellement. A chaque rencontre avec Daniel, elle était prête à sauter le pas. Et puis, au dernier moment, elle se refusait à le franchir de peur de précipiter l'apprenti danseur dans un gouffre duquel il aurait du mal à remonter.

Là encore, à l'instant, Daniel avait su, naturellement, faire passer ses sensations, ses sentiments, à travers un geste, un battement de cils, un clin d'œil, un sourire qui lui conférait une beauté physique et surtout intérieure. Cet élan la renversait et Julia repoussa à nouveau au lendemain sa décision de lui parler.

Un coup de tonnerre encore plus puissant, simultané à un éclair qui illumina la ceinture de l'hôtel, plongea la maison dans l'obscurité totale. La salle de danse ressembla soudain à une caverne. Le calme, musique coupée, succédait au déferlement. Julia et Daniel, à cet instant précis, se côtoyaient, à se toucher, allongés l'un contre l'autre. En un éclair qui la surprit, elle sentit la main de son compagnon se poser sur sa joue dans une caresse aussi brève que douce. Elle se releva pour tenter d'y voir plus

MILLÉNAIRES

Ils planaient au-dessus de la mer de sable, venus du plus profond de la mémoire de l'homme en solitude.

Vie de la terre et vie de l'homme.
Dans le désert,
On y voit des formes glacées, des rochers ravinés,
Un fleur perdue dans la rocaille,
Un bouquetin solitaire,
Un fauteuil au bord du lac,
Un cygne ridant l'onde de sa blancheur,
Un bateau perdu sur l'horizon...

« J'y ajouterai une musique douce et planante »,
Chante le violoncelle,
« Qui surgit de terre et envahit les corps,
Assouplissant leur froideur
Pour les pénétrer au plus profond d'eux-mêmes.
J'y ajouterai des peintures où l'on voit
Un ciel et un lac se confondant
Dans leur bleu immaculé,
Puis d'autres où les nuages bouillonnent
Sur le paysage lacustre immobile,
Comme dans un figé changeant ».

La terre bouge,
L'homme se transforme.

La vie déroule son tapis de douleurs et de beautés,
Imperturbable,
Façonnant hommes et pierres,
Déposant ici ou là les traces du temps
Sur le corps des hommes,
Impitoyable,
Comme sur le corps de la terre.

Minuscules dans l'immensité.
Incertitude du chemin
Et poésie des éléments.
Rudesse de la vie
Et fluidité des âmes.
Brassage des êtres,
Des genres, des couleurs, des pensées.
Équilibre incertain
Entre émotions et sentiments.

Dépouillement sablonneux.
Choc des millions d'années.

Voyage au cœur de l'univers,
À travers nos sensations,
À travers hommes et nature.

Sahara,
Île de la méditation, île de l'élévation,
Où l'empreinte du temps
N'a pas de prise,
Où tout est recommencement.
Où on ne sait pas,
Où on ne saura jamais.

Solitude
Perdue dans un océan d'amour.
Le violoncelle criait.

D'un voix cristalline dégoulinante d'eau qui se déversait inlassablement...

AU PAYS DES CASCADES

Dans cet univers torride, un tumulte d'eau glacée revenait aux oreilles de l'homme. La grande cascade déversait son flot d'histoires de la montagne dont elle surgissait. Dans une folle cataracte, la puissance de la nature inondait le cœur du sage du désert, imaginant Daniel et Julia enlacés devant ce spectacle féerique d'où s'échappait un arc-en-ciel. Il contemplait le couple qui contemplait lui-même le rideau mouvant de diamants. Le pays des cascades s'offrait à leur curiosité, découvrant des cirques aux parois vertigineuses et ruisselantes.

Était-ce lui qui les avait conduits au centre de la montagne ou eux-mêmes qui s'étaient fait transporter par leur danse initiatique. L'homme ne savait plus. Devant lui défilaient des images superbes d'un dédale minéral et sauvage, sillonné de torrents coulant au fond de canyons et de gouffres, béants d'incertitude. L'imagination courait aussi vite que l'eau libérait ses milliards de gouttelettes argentées et aussi lentement que le déplacement d'une crête de dune, façonnant les sinuosités de milliards de grains de sable, entre ombre et lumière.

Le couple de danseurs flottait entre rêve et réalité, tant le bonheur de l'homme de les voir unis le réjouissait.

Une petite cabane en bois réchauffée du feu d'un vieux poêle, perchée aux confins des deux mille mètres, un aigle criant son courroux de ses larges volutes au-dessus de la falaise, une herbe rase parsemée de petits lacs, égrenant leur chapelet en contrebas d'un immense plateau désertique, sa roche rayée de crevasses millénaires, attirantes.

Travail du temps, travail de l'eau, travail de l'amour. Ils étaient beaux dans ce décor paisible et immuable.

La cascade de l'existence ne stopperait jamais son flux de joyaux irisés et scintillants.

Devant ses yeux ils dansaient
De liberté,
De différences effacées,
De regards complices.
Dans une danse étonnante
De vent, d'eau, de pierre,
D'espérances,
D'accomplissement.

Les notes du violoncelle coulaient le long de la dune, la caressant indiciblement d'une suavité que seul l'homme pouvait percevoir.

LA RÉVÉLATION

L'homme s'étonnait de la facilité avec laquelle la jeune femme se mouvait dans l'espace, repérant le moindre bruit, le moindre obstacle, le moindre frémissement, comme un insecte diffusant ses phéromones.

Cette femme possédait un instinct développé. Discrète, ses sentiments lui indiquaient le chemin au cœur de la nuit.

Elle réagissait, de sa formidable sensibilité, au plus infime des parfums, à la plus petite parcelle de mouvance de l'air, à la beauté du minuscule. Elle surfait sur le beau, enfermée dans son empire des sens, communiquant aux autres sa joie intérieure de découvrir des secrets que d'aucuns ne percevaient pas.

Il la voyait. Elle se balançait régulièrement au gré du sentier qui serpentait entre les mamelons herbeux, levant un faucon en chasse qui s'élevait dans le ciel, puis se fixait soudain au-dessus de sa proie dans la position du Saint-Esprit.

Ses cheveux bouclés flottaient, soulevés par un courant d'air léger estival. Elle s'arrêta sur une grande gentiane et se pencha pour la toucher des doigts, commençant par le sommet de la plante. Elle la caressa longuement. Puis, fébrilement, il vit glisser sa main, dans un frôlement presque imperceptible, le long du corps de la fleur, contournant les moindres détails, appliquant la paume de sa main tout contre les feuilles, dessus, dessous, une à une, sans rien perdre de cette œuvre de la nature. Elle appréhendait le monde qui l'entoure comme une œuvre d'art.

C'est l'amour de l'art. L'amour du beau, du pur, de l'authentique.

Elle s'agenouilla pour atteindre le pied de la gentiane, saisissant à pleine main le bas de la tige. Puis desserra son étreinte pour caresser l'herbe rase qui entourait la plante.

Elle se redressa, tendit les bras vers le végétal aux fleurs jaunes et aux larges feuilles, rebroussant leur texture, se courba et huma, semblant l'embrasser du bout des lèvres.

Quand elle se releva et reprit son chemin, l'air avait une autre saveur.

L'homme la suivit jusque dans sa nuit.

Dans le noir total, ils se joignirent. Il la distinguait à peine dans la douceur nocturne du sous-bois.

Ils s'assirent là où les chevreuils venaient brouter.

La jeune femme prit lentement la main de l'homme. Il allait parler. Elle lui déposa un doigt sur les lèvres. Elle lui attira la main vers le tronc d'un épicéa en lui demandant de fermer les yeux. Dans une intime volupté, elle lui imprimait un va-et-vient le long de l'écorce.

Il l'entendait susurrer.

- Caresse. Sens comme la nature est donatrice, respire comme les arbres sont amoureux, ressens toute la générosité de la flore, vis ce que je vis. Fais pénétrer en toi la jouissance de la terre, comme elle me fait vibrer.

Elle lui dirigea ensuite la paume contre la mousse qui bordait l'arbre.

L'homme obéissait, comme subjugué, téléguidé par une force indescriptible, surgi du plus profond de son être. Il s'imaginait des aventures, des chevauchées fantastiques, des rêves colorés, frôlant de sa peau la mousse frétillante.

La femme demeurait figée dans un sourire énigmatique. La femme qui devinait, qui savait ce que ressentait son prochain dans une intuition magique, exacerbée par son sixième sens venu de la nuit des temps. Elle soupirait d'aise auprès de cet arbre, dans une émotion partagée.

Elle incita ensuite l'homme à se déplacer auprès d'une gentiane. Elle s'agenouilla, comme adulant la fleur. Elle lui demanda à nouveau de fermer les paupières.

Le ballet initiatique reprit son cours.

Dans une même danse noctambule, les deux êtres sentirent la gentiane, mains unies.

La cérémonie cessa alors. La femme et l'homme devisèrent sur leurs sensations, leurs sublimations.

La femme révéla à l'homme ses sentiments, lui déclarant que l'important n'est pas d'être normal, mais d'apprendre à accepter sa différence et celle de l'autre. Comme Mohamed né sous son autre étoile, ou Daniel avec ses membres et sa langue emprisonnés.

Hommes ou femmes
Avec leurs joies et leurs peines
Leurs passions
Leurs envies.
Qui est normal ?
Qui est anormal ?
Sur cette terre.
Il suffit de se respecter,
D'accepter.

Alors volera l'oiseau
Et se lèvera le soleil
Dans le monde
Du sensitif.

L'ENVOL

Dans la grande salle de l'hôtel, tous frémissaient d'impatience en attendant que le rideau rouge s'ouvre. Les derniers bourdonnements des clients, public d'un soir, couraient au-dessus des têtes.

La lumière s'éteignit, les projecteurs s'allumèrent. Le présentateur apparut. Le spectacle commença.

Dans sa chambre, Julia se préparait. Elle se lissait les cheveux lentement. Une heure à patienter jusqu'à son entrée en scène avec Daniel. Elle songeait à ce jeune homme dont elle était tombée amoureuse au fil des répétitions, avec qui elle avait partagé de grands moments d'émotion au fil d'un été. Elle allait se retrouver avec lui, dépouillée, sur les planches, pour partir dans un grand voyage.

Elle allait se retrouver en sa compagnie, dépouillée, sur les planches, pour partir dans un grand voyage.

Julia n'avait pu résister. Longtemps hésitante, elle s'était résolue à admettre l'évidence de son amour pour Daniel. De ces rencontres qui bouleversent et transforment la vie, de ces rencontres qui serrent le cœur et le ventre à ne plus pouvoir respirer, à perdre le sommeil. Julia avait retourné la question en tous sens. Elle se rendait à l'évidence de son attirance pour Daniel. Elle se donnerait à lui comme elle savait que le jeune homme s'offrirait à elle.

Aucun des deux ne s'étaient déclaré. Mais chacun savait que le spectacle les feraient monter au firmament du bonheur et qu'il n'était nul besoin de dire à l'autre sa flamme.

Les vibrations, le fil ténu qui les reliait, suffisaient. L'alchimie s'occupait du reste.

Daniel, au creux de sa chambre, écoutait la musique qui allait le faire s'envoler tout à l'heure. Il se tordait de plaisir en entendant les sonorités, les allégros, les pianos, les andantes. Il se courbait sur son fauteuil, la tête entre les mains et il frappait le sol du pied. Il s'enfermait dans sa musique tout en laissant échapper des cris rauques. Il attendait Julia pour qu'elle lui peigne le visage. Il savait qu'elle et lui vivraient ce moment intense en totale harmonie, même si la tension montait quelque peu dans son corps. Julia l'avait transformé. Sa douceur, son attention, mais aussi sa sveltesse l'avait attiré. Ils s'étaient réunis dans la danse. Des sensations intenses le parcouraient. Elles suffisaient à son bonheur. Tout à l'heure, il montrerait ce qu'il pouvait réaliser. On frappa. Julia entra.

Dans la grande salle, le spectacle suivait son cours. Poésie, humour, magie, proposés par des clients à leurs pairs, se succédaient en cette soirée finale.

Julia s'appliquait à maquiller Daniel. La tête renversée, il la laissait répandre la crème sur sa peau, dans une douceur extrême. Il se détendait sous les doigts de sa compagne. De temps à autre, elle lui déposait un baiser sur le front, ou, comme d'habitude, lui frictionnait les cheveux. Ils n'échangeaient pratiquement pas de paroles, se concentrant sur leurs mouvements à venir, sur fond de musique planante. Ils s'aimaient ainsi.

Et puis, des poètes défilèrent à tour de rôle sur scène.
Assis sur leurs chevaux à deux roues, enfermée derrière ses iris éteints, ou encore affublé d'une autre étoile, ils déclamèrent leurs sentiments dans un silence où l'air se suspendait à leurs lèvres.

- L'important n'est pas d'être normal,
Mais d'apprendre à accepter
Sa différence et celle de l'autre.

- L'important n'est pas d'être banal,
Mais de savoir marcher
Dans sa tête ou au bras de l'autre.

- L'important n'est pas d'être génial,
Mais de pouvoir accompagner
La marche du monde avec les autres.

- Avoir des bras, des jambes, des yeux,
C'est bien et c'est heureux.
Avoir du sens, des sensations,
C'est encore mieux et c'est si bon.

- Bon de découvrir en touchant
La nature et ses mille secrets,
Bon de s'immiscer dedans,
D'y respirer, de s'y délayer.

- Voyager à l'intérieur,
Comme d'autres voyagent
Sur la planète bleue.
Voyager avec son cœur.

- Chevaucher les mers et les montagnes,
Sillonner les océans et les cimes,
Grimper à son mât de cocagne
Aussi haut qu'on se l'imagine.

- Rechercher l'essentiel,
Atteindre le sommet du ciel,
Frôler les étoiles,
Caresser la toile

- Peinte par le temps.
Colorer ses rêves,
Tutoyer le firmament
À travers des images brèves,

- Mais magnifiques, sensitives.
S'envoler pour que vivent
En nous des sentiments
Couleur du vent,

- Couleur de pluie,
Couleur de neige,
Couleur d'arpège,
Couleur de vie.

- Musique des mots et des monts,
Harmonie des vallées et des rires,
Que coulent les notes qui font
Le sel de la terre et du désir.

- Point besoin d'être normal
Ou différent pour gravir
Une montagne, parcourir un val,
Se laisser par la nature envahir.

- Il suffit de recevoir, de sentir,
De vibrer au rythme des sens,
D'apprécier chaque instant

Pour ralentir son évanescence.

- Empli de ces joyaux, de ces sensations,
L'être devient plus léger,
Attiré par le sommet,
Tout là-haut, appelé par Cupidon.

- Point de différence pour trouver l'amour
De la nature, de l'homme.
Le fleuve de la volonté coule toujours
Pour naviguer chaque jour, en somme,

- Sur les flots des tempêtes,
Des vents et des marées,
Des orages. Sur la crête
De la vie, vers sa destinée.

- Non. L'important n'est pas d'être normal,
Mais de vivre sur terre pleinement son passage,
En profitant de l'existence,
De cette chance,
De délivrer un message
D'amour et d'espoir, au soleil de son étoile.

Avant que les applaudissements ne déferlent, un bref instant retint les spectateurs, osant à peine respirer. On entendait leurs cœurs battre la chamade...

Le pouls de Julia et Daniel s'accélérait à l'approche du moment de vérité. Julia lui peaufinait le visage tendrement. Il se transformait et en riait dans un rire éclatant de bonheur. A son tour, la jeune femme se farda d'une couleur opposée à celle de son compagnon. Contrastes.

Puis, elle lui enfila, au prix de contorsions, un tee-shirt dont le teint tranchait sur son pantalon léger et plus sombre. Le personnage prenait forme.

D'un instant à l'autre, ils allaient prendre place derrière le rideau rouge. Là, face aux projecteurs et au public, ils accompliraient leur œuvre, projetés à travers l'art sur le devant de la scène, à l'aube d'une nouvelle existence. Daniel tomberait son masque torsadé du quotidien pour prendre celui de comédien et de danseur, afin de valser avec la vie. Transcendé par son énergie et son désir fou de réussir, il s'envolerait alors sur son nuage, libéré du poids qu'il traînait depuis son arrivée sur terre. Il étonnerait par la maîtrise des mouvements. Il balayerait l'idée de différence. Cette différence qui n'existait que dans la tête des autres, sans doute pour se rassurer sur leur propre sort. Il vivrait des moments intenses que peut-être d'aucuns ne vivraient jamais.

Maintenant, son cœur lui dictait son impatience d'en découdre avec l'aventure de sa vie. Sur son tableau, il parla brièvement avec Julia.

- J.A.I.
- J'ai
- H.A.T.E. D.E. M.E.N.V.O.L.E.R.
- Oui...
- A.V.E.C. T.O.I.
- Tu es beau Dan.

- Ils ont travaillé pendant des semaines pour vous offrir un ballet. Au prix de nombreux efforts, ils vont tous deux vous raconter une belle histoire, leur histoire, une histoire magnifique. Mesdames et Messieurs, voici donc Julia et Daniel dans la « Danse de l'oiseau » !

Le rideau s'écarta sur un écran blanc. Aussitôt, vint s'y déposer un paysage où le soleil dominait l'océan. Le rouge orangé du cercle éclatait au-dessus de l'eau bleu saumon, flottant sur la ligne d'horizon, irisant les vagues, embrasant le ciel. Ce paysage naissant éclairait deux êtres recroquevillés sur le plancher de la scène, séparés de quelques mètres, prostrés dans une position qui figurait l'hésitation à communiquer. À genoux, le tronc les recouvrant à toucher le sol, les bras entourant la tête dont on n'apercevait que les cheveux, les deux danseurs attendaient un signe de la musique et la fin des applaudissements.

L'une revêtait un tee-shirt noir et un pantalon blanc. L'autre un tee-shirt blanc et un pantalon noir. Leurs pieds étaient nus.

Les premières notes, légères, prolongées, s'éveillèrent comme un début de monde. Leurs têtes se relevèrent lentement, découvrant des visages opposés. La luminosité mélancolique des traits de Julia, peints en blanc, tranchait avec le noir cirage de ceux de Daniel. Le maquillage parachevait le damier. Un damier synonyme de différences, de contorsions, de joies et de peines, d'entrelacs imprimés par le fleuve tortueux de la vie. Simultanément à l'envol de la musique, un goéland apparut en fondu enchaîné sur le soleil levant. Un oiseau majestueux, dont l'éclat des voiles planait sur l'onde océane. Le couple étendit les bras, se déployant comme le volatile marin, redressant le tronc à l'équerre. Julia et Daniel cambraient leur corps, bras écartés semblablement au goéland qui se déplaçait derrière eux.

Les danseurs-oiseaux fixaient la salle de leurs masques, éblouis de lumière blanche. Tel un cormoran se séchant sur un promontoire rocheux, fier, ils maintinrent cette crucifixion. Daniel tremblait de toute sa volonté, démultipliant son effort, son ventre oscillant à la mesure de sa douleur.

Puis, ils se recroquevillèrent à nouveau, comme une anémone de mer se balançant au gré du courant.

La musique monta d'un cran. Elle entraînait les artistes dans un roulé sur le côté, les éloignant encore. Tournant la face vers le partenaire dans un bref mouvement, ils se voilaient le visage des deux mains à la vue de l'autre, détournaient enfin la tête vers l'extérieur, dans un geste de dédain.

Peu à peu, le goéland atteignait la côte. Les vagues frappaient le roc de la falaise droite et fière dans un flux et reflux incessant, moutonnant.

Julia et Daniel se retrouvaient désormais face à face, allongés sur le ventre, se défiant à distance. Ils se tendaient les bras comme pour atteindre un être, un port inaccessible, loin, si loin, différent, si différent. Puis ils roulèrent sur le dos, invoquant le ciel de leurs mains, implorant le goéland de sa gratitude, de son secours.

Soudain, le voilier disparut de l'écran et laissa l'espace au désert. L'ocre des dunes envahissait la scène, le couple simulant un cri d'effroi à la vue de ce monde sans vie. Ils posèrent leurs doigts écartés sur la bouche. En était-ce fini de la vie, de l'espoir, du beau voyage qui s'annonçait sur le dos du goéland impérial ? Tiraillés entre l'un et l'autre, ils s'agitèrent dans des saccades successives pendant que la musique gravissait les marches d'un tempo allégro. Leurs corps se torsadaient dans une expression tumultueuse et hésitante. Daniel agitait son torse frêle sous le tee-shirt blanc qui trahissait un courage extraordinaire, alors que Julia approchait son damier du jeune homme, dans une ultime tentative au milieu de l'étendue sablonneuse.

Le public retenait son souffle. Il vibrait au son mêlé de leurs corps et de la musique envoûtante. Son regard se rivait sur la scène dans un sourire vague et heureux, béat d'admiration.

Sensiblement, les dunes sahariennes se transformaient en collines, en montagnes. Ostensiblement, les deux damiers rampaient l'un vers l'autre, au fur et à mesure que l'altitude s'élevait en symbiose avec les notes qui déferlaient comme une pluie de lumière. Ils se frôlèrent les mains, les retirèrent aussitôt, puis leurs bustes s'attirèrent. Daniel, pour la seconde fois, redressa le sien magistralement, fièrement au-dessus de Julia étendue sur le dos, la main droite sur le cœur, l'autre sur les yeux. Il semblait s'offrir à elle dans une danse d'amour, droit tel un grèbe huppé à la surface de l'eau, courtisant la femelle, rigide comme un roseau tremblant sur l'onde du lac. Son souffle devenait court et des perles de sueur luisaient en glissant lentement de son front à la base de son maquillage noirâtre, semblable à une guirlande scintillant sur les rameaux d'un arbre de Noël.

Il s'écroula, se ramassant à terre. Julia se releva alors dans un mouvement rapide qui démontrait toute sa souplesse et le travail du corps qu'elle pratiquait régulièrement. À genoux auprès de Daniel, inerte, seulement rythmé par les va-et-vient de sa respiration accélérée, elle s'étira dans une volupté généreuse, puis étendit le bras jusqu'à déposer délicatement ses mains sur les cheveux du danseur. Ses ailes le caressèrent dans un aller-retour soyeux. La musique augmentait en douceur. Les montagnes s'enchaînaient dans un entrechoc de cimes ondoyantes et ondulantes, la virginité des neiges éternelles se mariant admirablement avec le ble fu intense du firmament. Le soleil les inondait de sa chaleur bienfaitrice, noyant Julia et Daniel dans une luminosité éblouissante d'espérance.

On discernait dans l'œil du public une perle d'argent.

Le silence de la salle pouvait se palper.

La musique déversait son flot de jouissance et de suavité.

La montagne accoucha d'un autre oiseau, cette fois un aigle, surgi de nulle part, imposant sa majesté au centre de la scène. Son œil jaune et vif entraîna les danseurs dans un envol somptueux et léger. Ils étaient désormais côte à côte, se rejoignant dans leur différence pour accomplir le voyage tant attendu, tant espéré. La main gauche de Julia et la droite de Daniel se rencontrèrent. Leurs doigts s'entrelacèrent dans une étreinte soutenue. Sans se séparer, Daniel transcendé par un feu intérieur violent, ils se firent face en pivotant à genoux. A leur vue réciproque, ils renversèrent leur tête dans un ultime sentiment d'hésitation. L'aigle planait sur les sommets enneigés et rougeoyants. La musique se donnait avec force violons et synthétiseurs. Les cœurs de l'hôtel s'accéléraient dans un rythme à l'unisson.

Lorsque l'astre suprême apparut en arrière-plan, rouge, en équilibre sur une pointe noire, l'aigle royal se détachant sur le feu, Julia et Daniel se rapprochèrent définitivement. Leurs couleurs inversées s'entremêlaient dans une palette devenue joyeuse. Leurs fronts se touchaient. Leurs masques se déridaient pour laisser apparaître leurs profils souriant à la salle en extase. Leurs quatre mains se soudaient désormais et leurs bras se repliaient lentement pour arriver à former un seul et même être. La musique atteignait son paroxysme pendant que l'aigle s'effaçait au profit du cercle solaire qui engloutissait les deux danseurs arrivés au terme de leur fabuleux voyage sommital. La musique déclina jusqu'à s'évanouir tendrement.

Le rideau se referma sur le couple. Des secondes d'éternité accueillirent le déferlement d'applaudissements. Le rideau se rouvrit sur Julia et Daniel, toujours rivés dans la même position fœtale, unis par les lèvres.

La salle entière se dressa, congratulant les artistes.

L'homme pleurait dans le noir.

LE SENS DU BONHEUR

L'homme frissonnait. Il ne savait si c'était dû au déclin du soleil sur l'horizon ou au bonheur extrême qu'il ressentait en se remémorant l'histoire simple et amoureuse de Julia et Daniel. Deux êtres de chair et de sang que tout séparait et que la musique des sens avait réunis.

Dans un silence profond
Que seul le désert sait imposer,
L'homme, en son tréfonds,
Dans le bonheur s'incrustait.

Il avait reçu une décharge en croisant la route de Daniel, de la femme qui ne voyait pas, de l'étoile différente et d'autres auxquels la vie avait laissé une marque de douleur. Une décharge qui l'avait fait entrer dans le monde du sensoriel, du sensitif, un monde qui lui ouvrait les yeux sur la perception du bonheur.

Audace du violoncelle,
Fièvre de l'émoi,
Incessante ritournelle,
Des mots au bout des doigts.

L'homme se leva, porté par la musique ondoyante, alors que le cercle rouge se balançait sur le moutonnement des dunes bleuies. Ses pas s'imprimaient dans le sable chaud d'une journée ordinaire dans le désert. La femme au tulle bleu ne bougeait pas, s'arcboutant sur son archet au gré des ombres grandissantes. La douceur de l'air déteignait sur la quiétude des personnages, seuls dans cet étalage généreux de nature sortie tout droit de la création, vierge de toute souillure tant l'endroit respirait la paisibilité, havre de sauvagerie et de poésie, réservant ses secrets au couple erratique.

Virginité sauvage,
Tendre et secrète.
Nature sage,
Marcheurs esthètes.

L'homme se mit à marcher vers l'infini, en parfaite harmonie de corps et de dunes, les lignes de sa musculature se confondant avec les ondulations du sable qui se teintait de mauve. D'un pas léger, presque volant, il frôlait les milliards de grains minéraux, soulevant à chacun de ses pas une poussière de tolérance, marquant de sa démarche altière le sol meuble dans un passage éphémère. Le son du violoncelle s'estompait, comme s'évanouissait la lumière solaire, l'astre jetant ses dernières flammes sur le dos cuivré de l'homme. Le sensitif le léchait, le caressait.

Qui est cet homme ?
Est-ce le fils de la terre,
Le fils de l'eau et du vent,
Le fils du désert ?
Qui est cet homme ?
Le fils des ténèbres,
De l'imagination, des sentiments,
Des sens qui le zèbrent ?
Qui se cache derrière ce masque ?
Le sens de la beauté
Ou la beauté des sens ?

Qui se cache derrière ces frasques ?

Julia, Daniel et les autres lui avaient tant donné qu'il s'était noyé dans cette quête de l'absolu. Plus rien d'autre ne comptait que la perception des éléments et des sentiments.

Il marchait, main dans la main
Avec le Sahara serein.
Il fuyait dans l'océan des sens,
Dans une échappée, en silence.

Le visage rivé vers la profondeur noircissante du désert, le sage à la chevelure blanche foulait les crêtes dans une symbiose amoureuse. Seules quelques bribes de musique lui parvenaient dans le soir naissant, ultimes images du passé. Il s'enlaçait avec l'infini dans une danse d'amour, dans une communion vertigineuse de vide. Il s'envolait dans une grâce absolue vers un pays inconnu.

L'homme disparaissait dans le sens du bonheur.

L'ILLUSTRATRICE

Depuis plus de quinze ans Yo est artiste peintre et depuis plusieurs années un des artistes permanents de la galerie Chantal Mélanson, à Annecy. Elle anime également des ateliers d'art plastique pour des adultes et des enfants. Elle a conquis un public international depuis son atelier retiré de Haute Loire, dans le sud du massif central.

Sa peinture s'inscrit dans un style contemporain, figuratif, mais empreint d'une constante qu'on peut définir par l'idée de mémoire : à cause de sa technique particulière concernant le support et le fond, et à cause du traitement des thèmes et des figures dans une matière dense et craquelée très spécifique de son travail. Ainsi, les personnages, scènes, corps, portraits, nus, prennent une autre dimension, intemporelle et universelle.

Un parcours atypique, un cheminement à l'écart des modes, un patient travail dans la solitude de l'atelier expliquent, chez cette peintre autodidacte, le caractère inclassable des œuvres. Le mélange de l'instinct et de la maîtrise, du brut et du raffiné, du classique et du contemporain contribuent à cette sensation d'une peinture atypique et pourtant curieusement familière.

La peinture cherche à rendre réel l'ineffable, elle est fixation d'un point de tension, d'un désir, elle se nourrit de l'absence, du non-dit et de la mémoire et c'est pourquoi elle est toujours en devenir. Pascal Quignard dit « L'homme est celui à qui une image manque ». La peinture de Yo exprime ce sentiment à la fois nostalgique et apaisant que les choses ne sont pas finies, que tout n'est pas encore dit, et que ce qui l'est déjà n'est qu'un passage, une séquence, l'épisode d'une histoire sans fin, qui par moments se concrétise sur l'espace de la toile, dans l'illusion de l'image, par la magie des couleurs, du graphisme et de la matière.

Les œuvres présentes dans cet ouvrage sont disponibles.
Pour contacter Yo : yo.atelier@wanadoo.fr

Index des illustrations

Ce texte a été écrit avec les musiques de :

Mozart, « Jeune homme »,
concertos pour piano et orchestre n° 9 et n° 17,

Neil Diamond, «Jonathan Livingston Seagull»,
et « Deserts Blues ».

TABLE

Du même auteur:

Un défi pour la nature - Récit - Presses du Belvédère. 2004

Sein et sauf - Roman - ThoT 2004

Dans la même collection :

L'esprit de Vizille - Francis Raux

Les Princes de Bonneval et le citadins - Jean-Philippe Masseran

L'histoire d'un autre monde - Frédéric Rouvier

Cet ouvrage a été imprimé
par REPRO TECHNIC - Bourgouin Jallieu
pour le compte des éditions ThoT
3, quai du Drac - B.P. 148
38603 Fontaine Cedex

Dépôt légal : Décembre 2005